CATALOGUE

DE

LIVRES PRÉCIEUX

ORNÉS DE TRÈS BELLES RELIURES
ANCIENNES ET MODERNES

PROVENANT EN PARTIE DE LA

BIBLIOTHÈQUE DU CHATEAU DE S.-L.

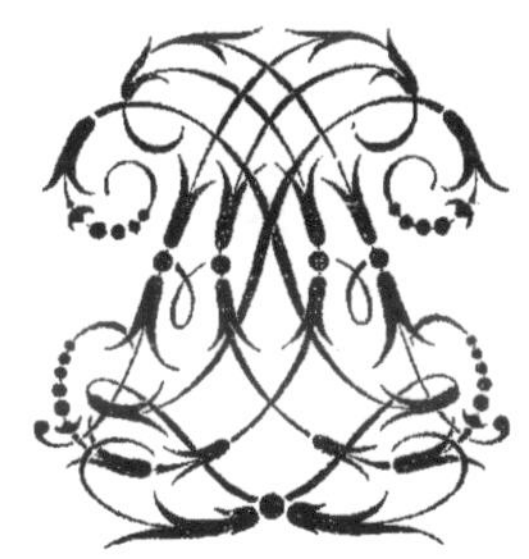

PARIS

V^VE ADOLPHE LABITTE

LIBRAIRE DE LA BIBLIOTHÈQUE NATIONALE

4, RUE DE LILLE, 4

—

1883

CATALOGUE

DE

LIVRES PRÉCIEUX

LA VENTE AURA LIEU

Le Mardi 13 *Mars* 1883, *à* 2 *heures précises*

HOTEL DES COMMISSAIRES-PRISEURS

RUE DROUOT, SALLE N° 3

Par le ministère de Me MAURICE DELESTRE, commiss.-priseur

RUE DROUOT, 27

Assisté de M. EM. PAUL, gérant de la librairie Vve Ad. Labitte.

Il y aura Exposition particulière le jour de la vente de 1 heure à 2 heures

---

CONDITIONS DE LA VENTE

La vente se fait au comptant.

Les acquéreurs payeront 5 p. 100 en sus des enchères, applicables aux frais.

Les réclamations devront être faites dans les vingt-quatre heures de l'adjudication. Ce délai passé, ou une fois sortis de la salle de vente, les articles adjugés ne seront repris pour aucune cause.

M. EM. PAUL, chargé de la vente, remplira les commissions des personnes qui ne pourraient y assister.

Paris. — Typ. G. Chamerot, 19, rue des Saints-Pères. — 14115

CATALOGUE

DE

LIVRES PRÉCIEUX

ORNÉS DE TRÈS BELLES RELIURES
ANCIENNES ET MODERNES

PROVENANT EN PARTIE DE LA

BIBLIOTHÈQUE DU CHATEAU DE S.-L.

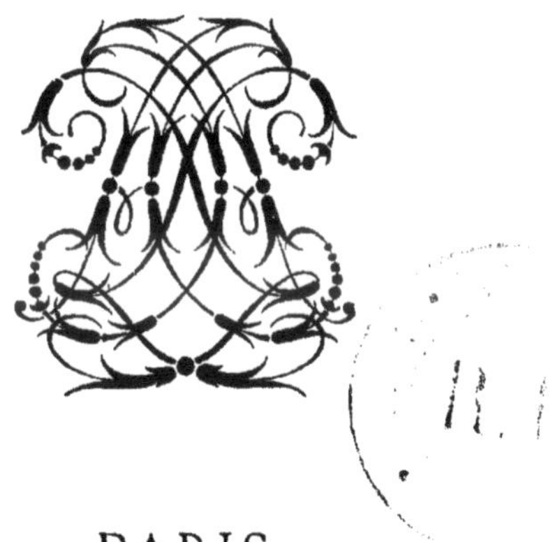

PARIS

Vve ADOLPHE LABITTE

LIBRAIRE DE LA BIBLIOTHÈQUE NATIONALE

4, RUE DE LILLE, 4

1883

ORDRE DE LA VACATION

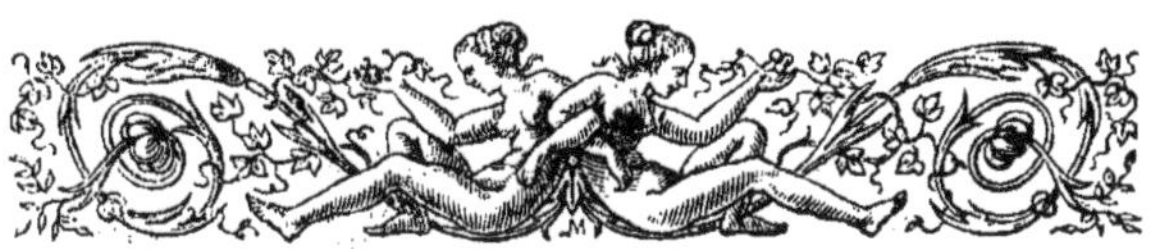

CATALOGUE

DE

LIVRES PRÉCIEUX

ORNÉS DE TRÈS BELLES RELIURES
ANCIENNES ET MODERNES

PROVENANT EN PARTIE DE LA

BIBLIOTHÈQUE DU CHATEAU DE S.-L.

THÉOLOGIE

LES CL Pseaumes de David, mis en vers françois, par Philippe Des Portes, abbé de Thiron. *A Paris, par la vesve Mamert-Patisson*, 1604, in-12, mar. vert jans. dent. int. tr. peigne.

Exemplaire réglé, contenant en plus les pièces suivantes : *Poésies chrétiennes*, 1603, 18 ff. — *Quelques prières et méditations chrétiennes*, 26 ff. — *Larmes de sainct Pierre et autres vers sur la Passion. Paris, Sara*, 1611, 17 ff. — *Exposition des sept psaumes pénitenciels. Paris, Sara*, 1611, 24 ff.

2. Les Pseaumes en forme de prières, paraphrase (par l'abbé François Paris, prêtre, et Vincent Loger, curé de Chevreuse). *Paris, Daniel Horthemels*, 1690, in-12, mar. brun, comp. tr. dor. (*Rel. anc.*)

Exemplaire réglé. Reliure un peu fatiguée,

3. Novum Jesu Christi Testamentum Vulgatæ editionis, notis historicis et criticis illustratum. *Parisiis, apud Viduam Florentini Delaulne*, 1733, pet. in-12, mar. noir, dos orné, large dent. doublé de mar. rouge, tr. dor. (*Rel. anc.*)

Première partie comprenant : les *Évangiles* et les *Actes des Apôtres*.
Charmant exemplaire recouvert d'une délicieuse reliure, de la plus belle conservation.

4. Traitté de la situation du Paradis terrestre, par Pierre Daniel Huet, nommé à l'évêché d'Avranches. *Paris, Anisson*, 1691, in-12, front. gr. et carte, mar. r. dos orné, fil. tr. dor. (*Rel anc.*)

5. Officium Beatæ Mariæ Virginis. In-12, mar. br. comp. à relief avec ornem. dorés et à fr. doublé de chagr. grenat, gardes de même, tr. rouge semée de croix dorées.

Manuscrit du xve siècle, sur vélin, composé de 130 ff. y compris 12 ff. pour le calendrier, orné de huit grandes miniatures avec encadrements variés. La première miniature contient un écu dans l'encadrement du bas ; la huitième est en partie effacée. Les bordures sont rognées et quelques ff. sont racommodés.

6. Hore Beate Marie vginis (sic) secundū usū Roma || num ad longū absq; aliquo recursu cū illius mira || culis et figuris Apocalipsis et biblianis una cum || triumphis Cesaris. Marque de

Simon Vostre et almanach de 1510 à 1530, in-8°, v. br. comp. à fr.

Édition rare, composée de 140 ff. et ornée de 20 grandes gravures. Les pages sont encadrées de bordures dans lesquelles on remarque de nombreuses petites figures formant des sujets divers, et entre autres la *Danse des morts*.

Exemplaire SUR VÉLIN, bien conservé et avec de belles épreuves. La reliure est un peu fatiguée.

7. CES PRESENTES HEURES de nostre dame || ont este nouvellement impri||mees a Paris pour Godard. (Au r° du dern. ff :) *Ces présentes Heures ont este imprimees a Paris pour Guillaume Godard libraire demourant sur le pont au change A lenseigne de lhomme sauvaige : devant lorloge du Palays. S. d.* (almanach de 1514 à 1530), in-8, goth. de 126 ff. v. br. ant. fil.

« Ces Heures contiennent dix-sept grandes figures, dont plusieurs ont été déjà employées par les Hardouyn; elles ont des bordures avec des sujets variés imitées de Simon Vostre; ceux de la *Danse des morts* y figurent deux fois. Au verso du dernier ff. se trouve le *rebus : Saluons Marie.* » (Didot, *Cat. rais.*, n° 853.)

Exemplaire sur VÉLIN, le seul cité au *Manuel*, provenant de la bibliothèque FIRMIN-DIDOT.

8. Heures nouvelles, tirées de la Sainte Écriture et gravées par L. Senault. *Paris, chez l'autheur, s. d.*, in-8, mar. bleu jans. dent. int. tr. dor. (*Thibaron-Échaubard.*)

Bel exemplaire de cet ouvrage entièrement gravé et orné de jolies vignettes, de fleurons, d'arabesques et d'un grand nombre de lettres initiales ornées. Il est dédié à la Dauphine Marie-Anne-Christine-Victoire de Bavière, femme du grand Dauphin, dont les armes se trouvent en tête du titre.

9. TRAITEZ DU LIBRE ARBITRE et de la concupiscence, ouvrages posthumes de messire J.-B. Bossuet, évêque de Meaux, avec un mandement de M. l'évêque de Troyes, neveu de Bossuet, pour recommander

la lecture de ces traités. *A Paris, chez Barth. Alix*, 1731, in-12, mar. r. dos orné, fil. tr. dor. (*Rel. anc.*)

ÉDITION ORIGINALE

Très bel exemplaire aux armes de LOUISE FRANÇOISE de BOURBON, PRINCESSE DE CONDÉ, dite MADEMOISELLE DE NANTES, fille de Louis XIV et de madame de Montespan.

10. Instruction sur les dispositions qu'on doit apporter aux sacremens de pénitence et d'eucharistie; tirée de l'Écriture Sainte, des saints Pères, etc., par l'abbé Treuvé. *A Paris, chez Guill. Desprez*, 1710, in-12, mar. r. dos et angles des plats fleurdelysés, doublé de tabis vert, fil. tr. dor. (*Rel. anc.*)

Exemplaire avec des armoiries sur les plats de la reliure.

11. De l'Abus des nudités de gorge (attribué à Jacques Boileau), seconde édition corrigée et augmentée. *Jouxte la copie imprimée à Bruxelles. A Paris, chez Laize-de-Bresche*, 1677, in-12, mar. bl. jans. dent. int. tr. dor. (*Belz-Niedrée.*)

Cette seconde édition est augmentée de l'*Ordonnance des vicaires généraux de Toulouse contre la nudité des bras, des épaules, de la gorge, et de l'indécence des habits des femmes et des filles.*

12. Les Provinciales, ou les lettres écrites par Louis de Montalte (Bl. Pascal) à un provincial de ses amis, et aux RR. PP. Jésuites. *A Cologne, chez Henry Schouten*, 1738, in-12, mar. r. dos orné, fil. tr. dor. (*Rel. anc.*)

13. Contemplatio totius vitæ et passionis domini nostri Iesu Christi... *Venetis, apud Ioannem Ostaum, et Petrum Valgrisium*, 1557, *in officina Erasmiana venundantur*, pet. in-8, mar. vert, fil. à fr. tr. dor. (*Thompson.*)

Ce joli volume contient 50 vignettes sur bois bien gravées et bien imprimées. Ce sont, en général, des copies d'après les compositions de la *Petite Passion* d'Albert Dürer. « (Didot, *Cat. rais.*, n° 419.)

Exemplaire de la bibliothèque Firmin-Didot.

14. Vitæ, passionis et mortis Jesu Christi mysteria, pijs meditationibus exposita, per P. Joannem Bourghesium Malbodiensem e societate Jesu. Figuris æneis expressa per Boetium a Bolswert. *Antwerpiæ*, *Henricum Aertssium*, 1622, in-8, titre et figure grav. mar. br. milieux, fil. à fr. et comp. dorés, dent. int. tr. dor. (*Duru.*)

Volume recherché pour les 76 planches dont il est orné. Bel exemplaire.

15. Démonstration de l'existence de Dieu (par Fénelon). *Paris, Jacques Estienne*, 1713, in-12, mar. bl. dos orné, fil. dent. int. tr. dor. (*Petit.*)

Édition originale.

16. La Clef du sanctuaire par un sçavant de notre siècle (Benoît Spinoza, traduit du latin par le chevalier de Saint-Glain). *Leyde, chez Pierre Warnaer*, 1678, pet. in-12, mar. citr. dos orné, fil. tr. dor. (*Rel. anc.*)

Édition originale de la traduction du *Tractatus Theologico-Politicus;* on sait qu'elle parut sous trois titres différents, le titre ci-dessus est le premier et le plus rare.

Exemplaire un peu fatigué, deux ff. sont détachés. — A la fin se trouve une pièce de 30 pp. intitulée : *Remarques curieuses et nécessaires pour l'intelligence de ce livre.*

JURISPRUDENCE

E l'Esprit des Lois, ou du rapport que les Lois doivent avoir avec la constitution de chaque gouvernement, les mœurs, le climat, la religion, le commerce, etc. (par Montesquieu). *A Genève, chez Barillot et fils, s. d.* (1748), 2 vol. in-4, v. ant. mar. br.

ÉDITION ORIGINALE.
Exemplaire avec l'*errata* à la fin du premier volume, et la carte, qui manque souvent; cette carte se trouve ici détachée.

18. Extrait des Coutumes tant générales que particulières et locales du royaume de France, comprenant les matières féodales, avec les droits du roi et des seigneurs, hauts-justiciers, féodaux ou censiers, conformément à la disposition de chacune desdites Coutumes. *S. l. n. d.*, in-4, mar. rouge, dos orné, fil. tr. dor. (*Rel. anc.*)

Joli manuscrit de la fin du XVIIIe siècle composé de 602 pp., plus 2 ff. pour la table des matières.

19. Arrest notable en l'audience de la grand'Chambre du Parlement, par lequel a esté jugé, que les seigneurs des terres ayant droit de patronage laïque ne peuvent user de ce droict en l'Église, ny présen-

ter aux bénéfices, pendant qu'ils font profession de la religion prétendue reformée. *Paris, Antoine Vitré*, 1648, pet. in-8 de 26 pp. plus un ff. pour le privilège, mar. r. dos et angles des plats fleurdelisés avec armoiries royales au centre, dent. int. tr. dor. (*Allo.*)

Très bel exemplaire d'une pièce rare.

20. Règlement du Roy et instructions touchant l'administration des Haras du Royaume. *A Paris, de l'Imprimerie Royale*, 1734, in-4, mar. r. dos orné, fil. tr. dor. (*Rel. anc.*)

Exemplaire aux armes et au chiffre de Louis XV. Le fleuron du titre a été enlevé.

21. Défense de Louis XVI par MM. Malesherbes, Tronchet et Desèze, prononcée à la barre de la Convention, par Desèze. *S. l. n. d.*, in-8, de 58 pp. mar. bl. doublé de tabis rose, dent. tr. dor. (*Simier.*)

Exemplaire aux armes de la DUCHESSE DE BERRY.

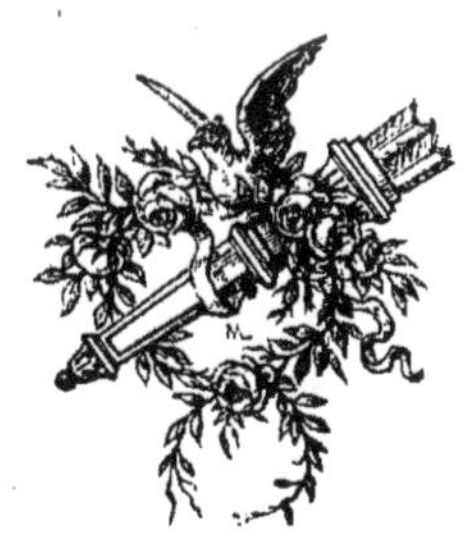

SCIENCES ET ARTS

I. — SCIENCES MORALES ET POLITIQUES

A TOUCHE NAIFVE, pour esprouver lamy et le flateur, inventée par Plutarque, taillée par Erasme, et mise à lusage françois par noble hõme frère Antoine Du Saix. Avec l'Art de soy ayder, et par bon moyen faire son proffict de ses ennemys. *Paris, Simon de Colines*, 1537, pet. in-fol. de 66 ff. mar. br. jans. dent. int. tr. dor. (***Masson-Debonnelle.***)

Édition rare, la première de cette traduction; le titre et les 2e, 8e, et 54e ff. sont ornés de jolis entourages dont deux portent la devise (*Non plus*) ou la marque (*Croix de Lorraine*) de Geofroy Tory.

Très bel exemplaire, réglé.

23. LES ESSAIS DE MICHEL SEIGNEUR DE MONTAIGNE. Édition nouvelle, trouvée après le deceds de l'autheur, revue et augmentée par luy d'un tiers plus qu'aux précédentes impressions. *A Paris, chez Abel L'Angelier*, 1595, in-fol. parch.

PREMIÈRE ÉDITION COMPLÈTE, donnée par *Mademoiselle de*

Gournay avec les augmentations laissées par Montaigne sur un exemplaire de 1588.

Bel exemplaire contenant l'avertissement de Montaigne : *C'est icy un livre de bonne foy*, qui ne se trouve pas toujours. Sur le titre se trouvent écrits ces mots : *A l'usage des Pères Capucins de Dijon. Catalogo inscriptus.*

24. Les Essais de Michel seigneur de Montaigne, nouvelle édition avec de courtes remarques, et de nouveaux indices plus amples et plus utiles que ceux qui avaient paru jusqu'ici, par Pierre Coste. *Londres, de l'imprimerie de J. Tonson*, 1724, 3 vol. in-4, portrait de l'auteur gravé par Chereau, v. ant. éc. fil. tr. marbr.

Excellente édition. La reliure des tomes II et III est un peu rongée par les vers.

25. Maximes et réflexions morales du duc de La Rochefoucauld. *A Paris, de l'imprimerie de P. Didot l'aîné, l'an V*e (1796), in-18, papier vélin, portrait gravé par Gaucher, mar. r. fil. tr. dor. (*Rel. anc.*)

26. Les Caractères de Théophraste, traduits du grec, avec les Caractères ou les mœurs de ce siècle (par La Bruyère), huitième édition, revue, corrigée et augmentée. *A Paris, chez Est. Michallet*, 1694, in-12, mar. bleu, dos orné, fil. tr. dor. (*Thivet.*)

Cet exemplaire, qui contient les noms propres sur les marges, provient de la Bibliothèque de M. *Dupont de l'Eure*, dont on lit la signature autographe sur le titre.

Cette huitième édition originale contient quarante-six *caractères* nouveaux et le *Discours de réception à l'Académie française*.

27. Les Conseils, par le comte de Shaftesbury, traduits de l'anglais (par Simon). *Londres* (*Paris, Costard*), 1773, in-8, mar. r. dos orné, fil. tr. dor. (*Rel. anc.*)

28. Les Devoirs des Grands, par Monseigneur le Prince de Conty. Avec son testament. *Paris, Denys Thierry*, 1666, pet. in-8, v. ant. gran.

Exemplaire réglé, contenant ces mots au verso du dernier ff. de garde : *Boileau soc. Sorb.*; cette signature se trouve répétée au revers du plat de la reliure.

29. Les Devoirs des Grands, par Monseigneur le Prince de Conty. Avec son testament. *Paris, Denys Thierry*. 1667, pet. in-8, mar. citr. dos orné, fil. dent. int. tr. dor.

30. Éducation des filles, par Monsieur l'abbé de Fénelon. *Paris, Pierre Aubouin*, 1687, in-12, mar. La Vall. jans. dent. int. tr. dor. (*Thibaron.*)

ÉDITION ORIGINALE.
Bel exemplaire.
Hauteur : 153 millimètres.

31. Politique tirée des propres paroles de l'Écriture sainte. A Monseigneur le Dauphin. Ouvrage posthume de Jacques-Bénigne Bossuet. *Paris, Pierre Cot*, 1709, in-4, portrait, v. f. ant. fil.

ÉDITION ORIGINALE, contenant un beau portrait gravé par Edelinck, d'après Rigault.
La reliure est fatiguée; elle contient en queue des dauphins couronnés.

32. Traité de la pratique des billets entre les négociants (par... Lecorreur, docteur en théologie). *Louvain, L. du Prat* (*Holl., à la Sphère*), 1682, pet. in-12, cuir de R. fil. tr. dor. (*Müller.*)

Joli exemplaire de M. de LA VILLESTREUX et de J. RENARD.
Hauteur : 133 millimètres.

II. — BEAUX-ARTS

33. Description des tableaux du Palais-Royal, avec la vie des Peintres à la tête de leurs ouvrages (par Dubois de Saint-Gelais). *A Paris, chez d'Houry*, 1727, in-12, mar. r. fil. tr. dor. (*Rel. anc.*)

34. LA GALLERIE DU PALAIS DU LUXEMBOURG, peinte par Rubens, dessinée par les sieurs Nattier et gravée par les plus illustres graveurs du temps, dédiée au Roy. *Se vend à Paris, chez le sieur Duchange, graveur*, 1710, gr. in-fol. max. v. ant. marbr.

Superbe exemplaire, avec les figures AVANT LES NUMÉROS. Ce magnifique ouvrage contient : Portrait du duc et de la duchesse de Toscane, de Rubens, et 23 grandes planches dont un frontispice donnant le portrait de Marie de Médicis.

Brillantes épreuves.

35. Callot. Recueil factice de 39 planches diverses remontées. Album in-4 obl. demi-rel. v. r.

Les Misères et malheurs de la Guerre, titre et 9 planches diverses. — *La Tour de Nesle et le Louvre*, 2 planches. — *La Passion*, 2 planches. — *Les Bossus*, 15 planches. — Vues diverses, etc., etc.

Épreuves anciennes.

36. Les Images de tous les saincts et sainctes de l'année, suivant le martyrologe romain, faictes par Jacques Callot. Et mises en lumière par Israel Henriet, dédiées à Monseigneur l'Eminentissime Cardinal Duc de Richelieu. *Paris, I. Henriet*, 1636, pet. in-fol. mar. r. dos orné, comp. dent. int. tr. dor. (*Armoiries.*)

Bel exemplaire du deuxième état, rare.

37. Sébastien Leclerc. Escadron en bataille.

Joli dessin original, mesurant 99 sur 183 millimètres.

38. ŒUVRES DE J.-B. LE PRINCE, sur les mœurs, les coutumes et les habillements de différents peuples, gravées en partie à l'eau-forte et le reste par le procédé qu'il a inventé pour produire l'effet des dessins lavés. *S. l. n. d.*, gr. in-fol. 52 planches contenant 124 sujets, mar. r. dos orné, large dent. tr. dor. (*Rel. anc.*)

MAGNIFIQUE EXEMPLAIRE DE DÉDICACE aux armes de M. POISSONNIER, conseiller d'Etat, médecin consultant du roi, etc. Reliure très fraîche.

Ce bel ouvrage contient : *Divers ajustements et usages de Russie*..... 10 pièces. — *Divers habillements des prêtres de Russie*..... 10 pièces. — *Les Strelits encienne* (sic) *et seule milice de Russie jusqu'au temps de Pierre le Grand*..... 8 pièces. — *Divers habillements des femmes de Moscovie*..... 8 pièces dont deux ne sont pas numérotées. — *Vue des environs de Saint-Pétersbourg*..... 2 pièces. — *Première suite de cris et divers marchands de Pétersbourg et de Moscovie*..... 6 pièces. — *IIe suitte de divers cris de marchands de Russie*..... 6 pièces. — *Habillements de diverses nations*..... 8 pièces, dont 2 sont sans numéros et sans légendes. — *Suite des divers habillements des peuples du Nord*..... 6 pièces. — *IIe suite d'habillements de femmes de Moscovie*..... 6 pièces. — *Diverses vues de Livonie*..... 6 pièces. — *IIIe suitte de divers cris de marchands de Russie*..... 6 pièces. — 2 pièces représentant des vues de fermes, non numérotées. (Les pièces de ces trois derniers paragraphes sont interposées.) — *Le Marchand de Cowasse* et *le Remouleur*..... 2 pièces sans numéros.

Toutes les pièces ci-dessus sont gravées à l'eau-forte ; les suivantes sont gravées à l'aquatinte, procédé dont l'invention appartient à Leprince.

IIe suite d'habillements de diverses nations..... 6 pièces. — *Ire suitte de coeffures*..... 6 pièces. — *La Vertu au Cabaret*, *le Chartier et la Laitière*, *le Printemps*, *l'Hiver* (4 pièces gravées à l'eau-forte). — Puis viennent 22 pièces diverses à l'aquatinte.

39. Les Principales Journées de la Révolution, 12 estampes par C. Monet, gravées par Helman. *A Paris, chez l'auteur, an V*, in-fol. cart.

Belles épreuves.

En tête de ce recueil se trouve le tableau intitulé : *Description abrégée des douze estampes sur les principales Journées de la Révolution* (1 feuille in-fol. doublée); cette même description a été rapportée au bas de chaque planche.

40. MONCORNET. Recueil de 66 portraits de personnages du XVIIe siècle. In-4, mar. vert, dos orné, fil. tr. dor. (*Rel. anc.*)

Beaux portraits en médaillons.
Très belles épreuves.

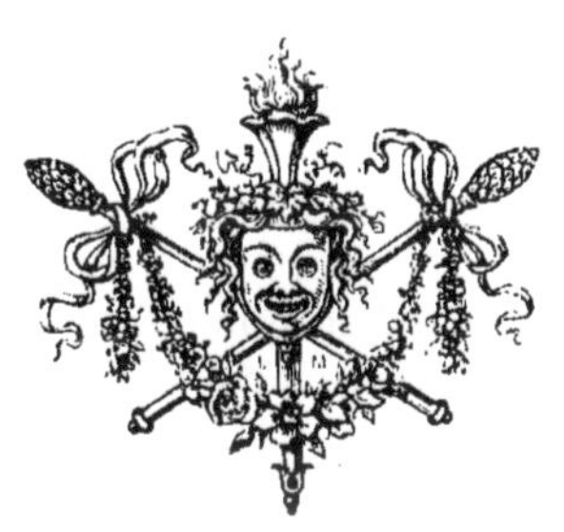

BELLES-LETTRES

I. — LINGUISTIQUE — ORATEURS

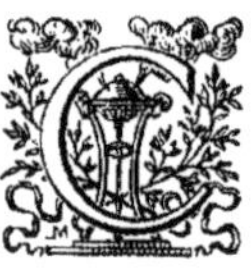ORNELII Schrevelii Lexicon Manuale Greco-Latinum. *Lutetiæ Parisiorum, sumptibus viduæ Pierres*, 1767, 2 vol. in-8 à 2 col. mar. r. dos orné, fil. tr. dor. (*Rel. anc.*)

Armoiries sur les plats de la reliure.

42. RECUEIL D'ORAISONS FUNÈBRES DE BOSSUET. — Oraison funèbre de Marie-Thérèse d'Austriche, Reine de France. *Paris, Séb. Mabre-Cramoisy*, 1683. — Oraison funèbre de Anne de Gonzague de Clèves, Princesse Palatine. *Paris, Séb. Mabre-Cramoisy*, 1685. — Oraison funèbre de messire Michel Le Tellier, chancelier de France. *Paris, Séb. Mabre-Cramoisy*, 1686. — Oraison funèbre du Prince Louis de Bourbon, Prince de Condé. *Paris, Séb. Mabre-Cramoisy*, 1687. — Ens. 4 pièces en 1 vol. in-4, mar. La Vall. jans. doublé de mar. r. riches comp. dorés à petits fers

et au pointillé avec un chiffre au centre, tr. dor. (*Marius-Michel.*)

Très bel exemplaire de l'ÉDITION ORIGINALE de ces diverses pièces.

On a ajouté, en tête du volume, 2 portraits de Bossuet, l'un gravé par Dequevauvillers, d'après Rigault, épreuve AVANT LA LETTRE, l'autre gravé en médaillon, par Mme de Cernet, d'après Sergent, en couleur.

Hauteur : 246 mill. 1/2.

43. ÉLOGE FUNÈBRE de très haut, très puissant et très excellent Prince Henri de Bourbon, Prince de Condé, par le Père Bourdaloue. *A Paris, chez Sébastien Mabre-Cramoisy*, 1684, in-4, mar. brun jans. dent. int. tr. dor. (*Marius-Michel.*)

ÉDITION ORIGINALE. Bel exemplaire grand de marges.

Hauteur : 248 millimètres.

II. — POÉSIE

1. POÈTES GRECS ET LATINS

44. Anacréon, Sapho, Bion et Moschus, traduction nouvelle en prose, suivie de la Veillée des fêtes de Vénus et d'un choix de pièces de différents auteurs, par M. M*** C*** (J.-J. Moutonnet-Clairfons). *A Paphos, et se trouve à Paris, chez Le Boucher*, 1773. — Héro et Léandre, poème de Musée. On y a joint la traduction de plusieurs Idylles de Théocrite, par M. M*** C***. *A Sestos, et se trouve à Paris, chez Le Boucher*, 1774. — Ens. 2 ouvrages en 1 vol. in-8, fig. mar. r. dos orné, fil. dent. int. tr. dor. (*Marius-Michel.*)

PREMIER TIRAGE de cet ouvrage, orné de figures, vignettes et culs-de-lampe d'Eisen. Un cachet effacé sur le premier titre.

45. Di Tito Lucrezio Caro della natura delle cose libri sei, tradotti dal latino in italiano da Alessandro Marchetti. *In Amsterdamo* (*Paris*), 1754, 2 vol. gr. in-8, papier de Holl. fig. mar. r. dos orné, large dent. sur les plats, tr. dor. (*Rel. anc.*)

Très bel exemplaire de ce livre orné de jolies figures d'Eisen, Cochin et Le Lorrain.
La reliure est très fraîche.

46. L'Anti-Lucrèce, poème sur la religion naturelle, composé par M. le cardinal de Polignac; traduit par M. de Bougainville. *A Paris, chez P.-G. Le Mercier*, 1749, 2 vol. in-8, portrait, mar. r. dos orné, large dent. sur les plats, tr. dor. (*Rel. anc.*)

Très bel exemplaire; reliure très fraîche.

47. Œuvres de Virgile, traduites en françois, le texte vis-à-vis la traduction avec des remarques par M. l'abbé Desfontaines. *A Paris, de l'imprimerie de P. Plassan, an IV* (1796), 4 vol. gr. in-8, portrait par Dupréel et figures par Moreau et Zocchi, mar. r. dos orné, dent. tr. dor. (*Reliure de l'époque.*)

Exemplaire en GRAND PAPIER VÉLIN, de format in-4, avec les figures AVANT LA LETTRE.
Reliure fatiguée.

48. Les Géorgiques de Virgile, traduction nouvelle en vers françois, enrichie de notes et de figures, par M. Delille. *A Paris, chez Bleuet*, 1770, in-8, frontispice par Casanova et 4 figures par Eisen, v. ant. éc. fil. tr. dor.

Exemplaire en PAPIER DE HOLLANDE.

49. LES MÉTAMORPHOSES D'OVIDE, en latin et en françois, de la traduction de l'abbé Banier, avec des explications historiques. *A Paris, chez Leclerc*, 1767-

1771, 4 vol. pet. in-4, figures de Boucher, Eisen, Gravelot, Leprince, Monnet, Moreau, etc. v. f. ant. fil. tr. dor.

Exemplaire du PREMIER TIRAGE de ce beau livre.

50. Actii Synceri Sannazarii de Partu Virginis libri tres. Lamentatio de morte Christi. Piscatoria. *Parisiis, ex offic. Roberti Stephani*, 1527, in-8, mar. bleu, dos orné, fil. dent. int. tr. dor. (*Lortic.*)

Un des premiers livres imprimés par Robert Ier Estienne. Très bel exemplaire de la bibliothèque FIRMIN-DIDOT.

51. Cagasanga Reistro-suyssolansqnettorum, per Johannem Bapistam Lichiardum recatholicatum spaliporcinum poetam. *Parisiis, Jo. Richerius*, 1588, pet. in-8 de 12 ff. (le dernier est blanc), mar. r. tr. dor. (*Rel. anc.*)

Petit poème macaronique de la plus grande rareté sur la défaite des Reistres par le duc de Guise en 1587. Il est ainsi divisé : la *Cagasanga* de Jean Richard, de Dijon, en 123 hexamètres, la réponse du pseudo-Kransfelt en 264 vers, qui est attribuée à Philippe Robert ou à Est. Tabourot, dont voici le titre : *Ad Caquasangam* (sic) *Joan. Bapista Lichiardi poetæ Spaliporcini Reistrorum Macaronica defensio, per Jo. Kransfeltum Germanum. — Chant sur la deffaicte des Reistres, à l'Imitation du psaume « Quand Israel, etc., » par F.-B. Auxonnois.* — On remarque au verso du 6e ff. *Oratio Hugonotorū.*

2. POÈTES FRANÇAIS.

52. La Contenance de la table. *S. l. n. d.*, in-8, goth. de 6 ff. mar. bleu jans. dent. int. tr. dor. (*Thibaron-Échaubard.*)

Réimpression fac-similé par M. Pilinski et tirée à 20 exemplaires qui n'ont pas été mis dans le commerce; celui-ci est un des trois imprimés sur papier ancien.

Ce rare petit ouvrage en vers doit être le premier essai de civilité en français.

53. Les Élégies de P. de Ronsard, gentilhomme Vendomois, avec les Mascharades. *A Paris, chez Gabriel Buon, au cloz Bruneau à l'enseigne S. Claude*, 1567, in-4, vélin, dos orné, fil. et comp. à la Du Seuil, tr. dor.

Tome V de cette belle édition des Œuvres de Ronsard. Exemplaire grand de marges, mais avec le chiffre de la tomaison découpé sur le titre.

54. Les Premières Œuvres de Philippe Des Portes, revues et corrigées et augmentées outre les précédentes impressions. *En Anvers, par Hermann Mersman*, 1582, in-16, mar. vert, dos orné, fil. tr. dor. (*A. Bertrand.*)

Jolie édition en caractères italiques.

55. Les Œuvres de Philippes Des Portes, abbé de Thiron, reueues et corrigées. *A Rouen, de l'imprimerie de Raphael du Petit-Val*, 1611, pet. in-12, titre gravé par Léonard Gaultier, mar. r. dos orné, fil. dent. int. tr. dor. (*Cuzin.*)

Édition imprimée en caractères italiques.

56. CONTES ET NOUVELLES EN VERS, par M. de La Fontaine. *A Amsterdam* (*Paris, Barbou*), 1762, 2 vol. in-8, portraits et figures, mar. r. comp. à mosaïque de mar. de diverses couleurs avec dor. doublé de mar. citr. dent. tr. dor. (*Marius-Michel.*)

TRÈS BEL EXEMPLAIRE, GRAND DE MARGES, de l'édition dite des *Fermiers généraux*, auquel on a ajouté les 21 fig. doubles suivantes : *Le Cocu. Le Savetier. La Servante justifiée. La Gageure des trois commères. Le Calendrier des vieillards. A femme avare galant escroc. On ne s'avise jamais de tout. Le Faucon. Le Petit Chien. La Clochette. Sœur Jeanne. Les Oyes de frère Philippe. Les Rémois. Nicaise. Feronde. La Jument du compère Pierre. Le Tableau. Le Remède. La Cruche. Promettre est un. Le Rossignol.*

Les deux figures pour le *Cas de conscience* et le *Diable de Papefiguière* sont aussi en doubles épreuves, COUVERTES et DÉCOUVERTES.

Le portrait de Choffard est de PREMIER ÉTAT, avant les tailles dans le médaillon.

En tête du tome Ier se trouvent trois épreuves du portrait de La Fontaine, gravées par Ficquet, d'après Rigault; on y remarque l'épreuve représentant, au bas du portrait, la fable du *Loup et de l'Agneau*, très rare.

Marius-Michel a exécuté pour ce bel exemplaire une riche reliure à mosaïque. Les deux volumes sont renfermés dans un étui-boîte recouvert en mar. La Vall.

57. Contes et nouvelles en vers, par M. de La Fontaine. *Amsterdam*, 1767, 2 vol. in-8, portrait et figures, v. ant. marbr.

Contrefaçon de l'édition des *Fermiers généraux*.

58. CONTES ET NOUVELLES en vers, par Jean de La Fontaine. *A Paris, de l'imprimeriè de P. Didot l'aîné*, 1795, 2 vol. in-4, papier vélin, figures, mar. vert, dos orné, fil. dent. int. tr. dor. (*Marius-Michel.*)

Très bel exemplaire de cette édition, la plus belle des Contes contenant plusieurs pièces ajoutées. On y trouve :

1. 19 figures de Fragonard, Mallet et Touzé, épreuves avec les numéros.

2. 7 figures de la même suite AVANT LES NUMÉROS, savoir: 2 pour la *Gageure des trois commères* (le Fil et le Poirier); 2 pour la *Fiancée du roi de Garbe* et une pour la *Clochette*, pour le *Juge de Mesle* et pour le *Fleuve Scamandre.*

3. 3 pièces en couleur pour le *Poirier,* le *Villageois* et le *Roi Candaule.*

4. 31 figures anciennes remontées la plupart d'après Boucher, Lancret, Vleughels et Pater.

5. 2 figures gr. in-4, avec cadres pour le *Bât* et le *Faiseur d'oreilles.*

6. 1 figure de Moreau le jeune, AVANT LA LETTRE, pour la *Matrone d'Éphèse.*

7. 1 DESSIN ORIGINAL à la plume pour le *Bât*, signé Taurel, 1774.

8. En tête du 1er volume un portrait en médaillon de La Fontaine gravé par Edelinck, d'après Rigault.

59. Œuvres diverses du sieur Boileau-Despréaux, avec le traité du Sublime ou du merveilleux dans le discours, traduit du grec de Longin. Nouvelle édition, revue et augmentée. *A Paris, chez Denys Thierry*, 1701, in-4, front. 4 fig. mar. La Vall. jans. dent. int. tr. dor. (*Marius-Michel.*)

Bel exemplaire.

60. Les Œuvres de M. Boileau-Despréaux, avec des éclaircissements historiques. *Paris, Vve Alix*, 1740, 2 vol. in-4, vignettes par Trémolière et culs-de-lampe, v. ant. éc. fil.

Édition recherchée. Le portrait de Boileau, par Rigaud, manque à cet exemplaire.

61. Poésies de Monsieur de La Farre. Nouvelle édition considérablement augmentée. *A Amsterdam, chez J. P. Bernard*, 1755, 2 vol. in-12, mar. vert, dos orné, fil. tr. dor. (*Rel. anc.*)

Joli exemplaire avec les armes du COMTE DU BARRY et la devise de sa femme *Boutez en avant* frappées sur le dos de ces deux volumes.

62. La Henriade, nouvelle édition. *A Paris, Vve Duchesne, Saillant, Desaint, Panckoucke et Nyon, libraires (imprimerie Barbou)*, 1770, 2 vol. in-8, frontispice, titre gravé avec un portrait en médaillon de Voltaire, fig. et vignettes d'Eisen, v. f. ant. dos orné, fil. tr. dor.

Bel exemplaire.

63. La Pucelle d'Orléans, poème en vingt-un chants (par Voltaire), avec des notes, auquel on a joint plusieurs pièces qui y ont rapport. *A Londres*

(*Paris, Cazin*), 1780, 2 vol. in-18, figures, mar. bleu, dos orné, fil. dent. int. tr. dor. (*Cuzin.*)

Jolie édition ornée d'un frontispice et de 21 vignettes, par Duplessis-Bertaux.
Bel exemplaire.

64. La Pucelle d'Orléans, poème en vingt-un chants, par Voltaire; édition ornée de figures gravées par les meilleurs artistes de Paris. *A Paris, de l'imprimerie de Didot jeune, l'an III*e (1795), 2 vol. gr. in-4, portrait et figures de Lebarbier, Marillier, Monnet et Monsiau, v. ant. rac. dent. tr. dor.

Très belle édition.
Reliure fatiguée.

65. Journée de l'Amour, ou Heures de Cythère (par Favart, comtesse de Turpin, Guillard et Voisenon). *A Gnide*, 1776, in-8, 4 figures et 8 culs-de-lampe, par Taunay, mar. r. fil. tr. dor. (*Rel. anc.*)

Exemplaire aux armes de Hue de Miromesnil, chancelier de France.

66. Fables nouvelles, dédiées à Madame la Dauphine (par Pesselier). *S. l. n. d.*, in-4, mar. vert, dos orné de fleurs de lis et de dauphins, tr. dor. *Rel. anc.*)

Manuscrit du siècle dernier composé de 5 ff. 195 pp. et 3 ff. pour la table, d'une jolie écriture, avec ornements à la plume et texte encadré de filets rouges; il est divisé en 5 livres contenant 101 planches.
Exemplaire de dédicace aux armes de MARIE-JOSÈPHE DE SAXE, mère de Louis XVI, fille de Frédéric-Auguste II, roi de Pologne, deuxième femme de Louis Dauphin, fils de Louis XV.
A cet exemplaire se trouve joint un ff. double détaché, sorte d'errata, qui paraît être de la main de l'auteur (Pesselier), dont la signature autographe se trouve au bas de la dédicace.

67. Tangu et Félime, poëme en IV chants, par M. de

La Harpe. *Paris, Pissot* (1780), pet. in-8, titre gravé et fig. demi-rel. mar. La Vall. avec coins, tr. dor. ébarbé. (*Smeers.*)

Jolies illustrations de Marillier.

---

68. Table des sujets contenus dans les neuf premiers cahiers de l'Encyclopédie poétique, sous les lettres A, B, C, D, E. *S. l. n. d.*, in-8 de 110 pp. mar. r. dos orné, fil. tr. dor. (*Rel. anc.*)

Exemplaire aux armes de MARIE-THÉRÈSE DE SAVOIE, COMTESSE D'ARTOIS incomplet des deux premiers ff.

3. POÈTES ÉTRANGERS.

69. ROLAND FURIEUX, poëme lyrique de l'Arioste, traduction nouvelle par M. d'Ussieux. *Paris, Brunet*, 1775-1783, 4 vol. in-8, fig. mar. vert, dent. tr. dor. (*Derome.*)

Très bel exemplaire; la reliure de Derome est signée.

Cette jolie édition contient 92 figures par Cochin, Moreau, Cipriani, Greuze, Eisen et Monnet.

70. La Gierusalemme liberata, poema eroico di Torquato Tasso. *In Parigi, appresso Prault*, 1744, 2 vol. in-12, frontispice de Cochin répété à chaque volume et titres gravés, mar. rouge, dos orné, fil. tr. dor. (*Reliure ancienne.*)

III. — POÉSIE DRAMATIQUE

71. Théâtre de Pierre Corneille, avec des commentaires (par Voltaire). *S. l.* (*Genève*), 1764, 12 vol. in-8, front. et fig. de Gravelot, v. f. ant. fil.

Bel exemplaire.

72. ŒUVRES DE MOLIÈRE, nouvelle édition. *Paris*, 1734, 6 vol. gr. in-4, portrait, fleurons et fig. par Boucher, v. ant. marbr. fil.

Bel exemplaire.

73. ŒUVRES DE MOLIÈRE, avec des remarques grammaticales, des avertissemens et des observations sur chaque pièce, par M. Bret. *A Paris, par la Compagnie des Libraires associés*, 1773, 6 vol. in-8, portrait de Molière par Mignard, fleurons et figures de Moreau, v. ant. éc. fil.

Bel exemplaire, avec les remarques du tome Ier signalées par Cohen.

74. Œuvres de Racine. *Paris*, 1760, 3 vol. in-4, portr. gr. par Daullé, fig. de Jacq. de Sève, gravées par Lemire, Tardieu et autres, v. ant. éc. fil.

Bel exemplaire.

75. Œuvres de Jean Racine, avec des commentaires, par M. Luneau de Boisjermain. *A Paris, de l'imprimerie de Louis Callot*, 1768, 7 vol. in-8, portrait par Santerre et figures de Gravelot, v. ant. gran. fers spéciaux sur le dos, fil. tr. dor.

76. Esther, tragédie tirée de l'Escriture Sainte (par J. Racine). *A Paris, chez Denys Thierry*, 1689,

in-12, figure, mar. r. jans. dent. int. tr. dor. (*Duru*, 1859.)

Édition originale, in-12.
Hauteur : 158 millimètres.

77. Athalie, tragédie tirée de l'Écriture Sainte (par J. Racine). *A Paris, chez Claude Barbin*, 1692, in-12, figure, mar. r. jans. doublé de mar. r. avec large, dent. tr. dor. (*Marius-Michel.*)

Édition originale, in-12.
Hauteur : 156 millimètres.

78. Œuvres dramatiques de Néricault-Destouches, de l'Académie françoise ; nouvelle édition, revue, corrigée et augmentée. *A Paris, chez Bauche*, 1758, 10 vol. in-12, mar. bleu, dos orné, fil. tr. dor. (*Rel. anc.*)

79. Gaston et Baïard, tragédie, par Mr de Belloy, citoyen de Calais, suivie de notes historiques. *Paris, chez Vente*, 1771, in-8, mar. vert, dos et angles des plats fleurdelisés, fil. tr. dor. (*Rel. anc.*)

Exemplaire aux armes de Madame Victoire, fille de Louis XV.

IV. — ROMANS ET CONTES

80. Les Amours pastorales de Daphnis et Chloé. *S. l.*, 1745, pet. in-8, front. et fig. mar. r. dos orné, large dent. tr. dor. (*Derome.*)

Cette édition, comme celle de 1718, contient les figures du Régent gravées par Audran et, en plus, des en-têtes non signés et 4 jolis culs-de-lampe par Cochin.

Exemplaire du baron Roger Portalis, avec quelques taches jaunes, mais recouvert d'une jolie reliure, très fraîche.

81\. Contes et Nouvelles de Marguerite de Valois, reine de Navarre. *Londres*, 1784, 8 vol. in-8, fig. mar. r. dos orné, fil. tr. dor. (*Rel. anc.*)

Cette édition contient les figures de Freudenberg gravées par Jourdan.

82\. Œuvres de maistre François Rabelais, avec des remarques historiques et critiques de M. Le Duchat; nouvelle édition, ornée de figures de B. Picart, etc. *A Amsterdam, chez J.-Fr. Bernard*, 1741, 3 vol. in-4, frontispice et fig. v. ant. marbr. fil. tr. marb.

83\. Les Aventures de Télémaque, fils d'Ulysse, par feu messire François de Salignac de La Mothe Fénelon; nouvelle édition, conforme au manuscrit original, et enrichie de figures en taille-douce. *A Amsterdam, chez J. Wetstein et G. Smith*, 1734, in-4, portraits, frontispice et fig. mar. r. dos orné, fil. tr. dor. (*Rel. anc.*)

Bel exemplaire de cette édition ornée de figures par Bernard Picart, Debrie et Dubourg.

84\. Gaudriole, conte. *A La Haye, chez Isaac Beauregard*, 1746, in-12, vignettes sur le titre, mar. citr. dos orné, fil. dent. int. tr. dor. (*Capé.*)

85\. Histoire de Gil Blas de Santillane, par M. Le Sage; dernière édition revue et corrigée. *A Paris, par les Libraires associés*, 1747, 4 vol. in-12, figures non signées, v. ant. marbr.

Les titres des tomes I et II sont intervertis.

86\. Lettres de deux amants, habitans d'une petite ville au pied des Alpes, recueillies et publiées par J.-J. Rousseau. *A Amsterdam, chez Marc-Michel*

Rey, 1761, 6 vol. in-12, fig. de Gravelot, mar. La Vall. jans. dent. int. tr. dor. (*Thibaron-Joly*.)

Bel exemplaire de l'ÉDITION ORIGINALE, avec un portrait de Rousseau gravé par Cathelin d'après La Tour.

87. Tarsis et Zélie, nouvelle édition (par Levayer de Boutigny). *A Paris, chez Musier fils*, 1774, 3 vol. gr. in-8, frontispice, figures et vignettes par Cochin, Moreau et Eisen, br.

Bel exemplaire sur PAPIER DE HOLLANDE, entièrement non rogné ni coupé.
Brillantes épreuves.

88. LA NUIT ET LE MOMENT, ou les Matinées de Cythère, dialogue (par Crébillon fils). *A Londres, et se trouve à Amsterdam*, 1776, in-12, fig. mar. bleu, dos orné, fil. et comp. à la Du Seuil, dent. int. tr. dor. (*Lortic*.)

Charmant exemplaire auquel on a ajouté 6 jolis DESSINS ORIGINAUX DE CHAUVET.

89. Le Fond du sac, ou Restant des babioles de M. X... (Félix Nogaret). *A Venise, chez Pantalon-Phébus (Paris, Cazin)*, 1780, 2 vol. in-18, front. et vignettes de Duplessis-Bertaux, mar. bleu, dos orné, fil. tr. dor. (*Cuzin*.)

Joli exemplaire.

90. La Vie de Marianne, ou les Aventures de Mme la comtesse de ***, par M. de Marivaux. *A Londres (Paris, Cazin)*, 1782, 4 vol. in-18, figures, mar. vert, fil. dos orné, dent. int. tr. dor. (*Marius-Michel*.)

Jolie édition ornée de 4 frontispices par Chevaux, gravés par Duponchel.

91. LETTRES D'UNE PÉRUVIENNE, par Mme de Graffigny;

nouvelle édition, augmentée d'une suite qui n'a point encore été imprimée. *A Paris, de l'imprimerie de P. Didot l'aîné*, 1797, 2 vol. in-18, portrait et fig. mar. vert clair, dos orné, dent. tr. dor.

Jolie édition contenant un portrait gravé par Delaunay et 8 charmantes figures par Lefèvre, gravées par Coiny.

Exemplaire en PAPIER VÉLIN avec deux portraits différents de Mlle de Graffigny, gravés par de Launay, et les 8 figures en doubles épreuves, avec et AVANT LA LETTRE.

---

92. Vida y hechos del ingenioso hidalgo Don Quichotte de la Mancha, compuesta por Miguel de Cervantes Saavedra ; con muy bellas estampas, gravadas sobre los dibujos de Coypel. *En Haia, por P. Gosse y A. Moetjens*, 1744, 4 vol. pet. in-8, figures, mar. r. dos orné, fil. tr. dor. (*Rel. anc.*)

93. El ingenioso hidalgo Don Quixote de la Mancha, compuesto por Miguel de Cervantes Saavedra, nueva edicion corregida por la Real Academia Española. *En Madrid, por Don Joaquin Ibarra*, 1780, 4 vol. in-4, figures, vignettes et culs-de-lampe, bas. tr. dor.

Très belle édition recherchée.
Reliure fatiguée.

V. — FACÉTIES — DIALOGUES POLYGRAPHES

94. RECUEIL GÉNÉRAL DES ŒUVRES ET FANTAISIES DE TABARIN. En ceste édition est adioustée la deuxième partie de ses farces, non encore veues ny impri-

mées, avec les Rencontres et fantaisies du baron de Grattelard. *A Rouen, chez Louys Du Mesnil*, 1640, in-12, de 298 pp. mar. citr. dos orné, fil. doublé de mar. r. avec large dent. à petits fers, tr. dor. (*Trautz-Bauzonnet*.)

Bel exemplaire.

Les *Rencontres de Grattelard* sont remplacées dans cette édition par les *Aventures et Amours du capitaine Rodomont*.

95. De la Bonté et Mauvaistée des femmes, par Jean de Marconvile, gentilhomme percheron. — De l'Heur et Malheur de mariage, ensemble les loix connubiales de Plutarque, traduictes en françois (par le même). *A Paris, par Jean Dallier*, 1564. — Ens. 2 ouvrages en 1 vol. pet. in-8, demi-rel bas. f.

Édition originale de ces deux traités recherchés.

96. Dialogues des morts anciens et modernes, avec quelques fables, composez pour l'éducation d'un prince, par feu messire François de Salignac de La Motte-Fénelon. *Paris, Delaulne*, 1718, 2 vol in-12, mar. v. dos orné, fil. dent. int. tr. dor.

97. Dialogues sur l'éloquence en général et sur celle de la chaire en particulier; avec une Lettre (sur l'éloquence, la poésie, etc.) écrite à l'Académie françoise, par François de Salignac de La Motte-Fénelon. *Paris, Estienne*, 1718, in-12, mar. r. dos orné, fil. et comp. à la Du Seuil, dent. int. tr. dor. (*Hardy*.)

Édition originale.

Bel exemplaire de M. J. Renard, avec un portrait ajouté.

98. Œuvres diverses de M. de Fontenelle, de l'Académie françoise; nouvelle édition augmentée et

enrichie de figures gravées par Bernard Picart le Romain. *A La Haye, chez Gosse et Neaulme*, 1728-1729, 3 vol. in-4, figures, vignettes et culs-de-lampe, v. ant. éc. fil. tr. marbr.

Très belle édition.
Bel exemplaire.

99. Œuvres de M. Rousseau, de Genève; nouvelle édition, revue, corrigée et augmentée de plusieurs morceaux qui n'avaient point encore paru. *A Neuchatel*, 1764, 14 vol. in-8, fig. v. ant. éc. fil. tr. marbr.

Bel exemplaire ainsi composé : *Œuvres diverses*, 5 vol. avec frontispices par Gravelot, Eisen, etc. — *La Nouvelle Héloïse*, 1764, 4 vol. front. par Cochin et fig. de Gravelot. — *Esprit, Maximes et Principes*, 1 vol. — *Émile*, 1762, ÉDITION ORIGINALE 4 vol. fig. d'Eisen.

100. Recueil des œuvres de J.-J. Rousseau, citoyen de Genève. *A Londres* (*Cazin*), 1780-1790, 38 vol. in-18, figures de Moreau, v. éc. fil. et divers vol. en mar. vert et rouge, tr. dor. (*Rel. anc.*)

Cette collection contient : *Émile, ou de l'Éducation*, 4 vol. mar. vert. — *La Nouvelle Héloïse*, 7 vol. mar. r. — *Mélanges*, 6 vol. — *Pièces diverses*, 4 vol. — *Discours sur l'origine et sur les fondements de l'inégalité des hommes*, 1 vol. — *Dialogues* 2 vol. — *Du Contrat social*, 1 vol. — *Considérations sur le gouvernement de Pologne*, 1 vol. — *Les Confessions*, 10 vo — *Pensées*, 2 vol.

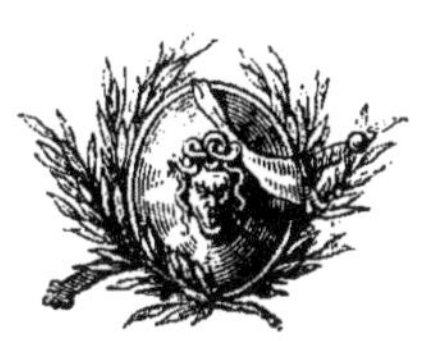

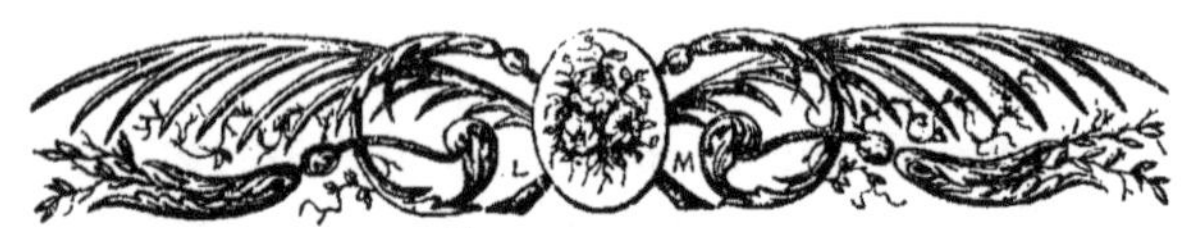

HISTOIRE

I. — VOYAGES — HISTOIRE DES RELIGIONS HISTOIRE ANCIENNE

ELATION d'un voyage du Levant, fait par ordre du Roy; contenant l'Histoire ancienne et moderne de plusieurs Isles de l'Archipel, de Constantinople... avec les plans des villes...; enrichie de descriptions et de figures d'un grand nombre de plantes rares, de divers animaux, etc., par M. Pitton de Tournefort. *Paris, de l'Imprimerie royale*, 1717, 2 vol. in-4, planches gravées, mar. noir à longs grains, dent. tr. dor. (*Bozérian*.)

Bel exemplaire en PAPIER FIN.

102. LES SINGULARITEZ DE LA FRANCE ANTARCTIQUE, autrement nommée Amérique, et de plusieurs Terres et Isles découvertes de nostre temps, par F. André Thevet, natif d'Angoulesme. *A Anvers, de l'imprimerie de Christ. Plantin*, 1558, in-8, VIII et 163 ff. de texte, plus 1 feuillet de table,

figures en bois, v. f. ant. comp. dor. sur les plats avec entrelacs, tr. dor. (*Reliure de l'époque.*)

Livre rare et recherché.

Exemplaire réglé, quelques légères mouillures et piqûre de vers dans les marges intérieures.

103. Theatrum crudelitatum hæreticorum nostri temporis (auctore Rich. Verstegan). *Antuerpiæ, apud Adr. Huberti*, 1592, in-4, titre-front. et fig. gravés, vél. à recouvr. (*Reliure moderne.*)

104. Les Images des Dieux des anciens, contenans les idoles, coustumes, cérémonies et autres choses appartenans à la Religion des Payens, exposées en Italien par le sieur Vincent Cartari de Rheges, traduites en françois et augmentées par Ant. Du Verdier, seigneur de Vauprivas. *A Lyon, par Barth. Honorat*, 1581, in-4, figures en bois, v. ant. gran.

Première édition de cette traduction rare et recherchée.

105. VOYAGE DU JEUNE ANACHARSIS en Grèce dans le milieu du quatrième siècle avant l'ère vulgaire (par Barthélemy). *A Paris, chez de Bure*, 1788, 4 vol. in-4 et 1 vol. d'atlas, mar. r. dos orné, fil. tr. dor. (*Rel. anc.*)

Bel exemplaire de la première édition de cet excellent ouvrage.

II. — HISTOIRE DE FRANCE

106. Petit Tableau de la France, ou cartes géographiques sur toutes les parties de ce Royaume, avec une description abrégée par M. Bonne, maître de mathématiques. *A Paris, chez Lattre*, 1764, in-16,

titre-front. color. et 28 cartes gravées, montées sur onglets, mar. r. dos orné, fil. tr. dor. (*Rel. anc.*)

Jolie reliure bien conservée.

107. Les Anticques Erections des Gaules. Compendieuse et briefve Description des fondations de la plupart des villes et citez assises ès trois Gaules..., histoire très utile et délectable; nouvellement mise à lumière (par Gilles Corrozet). *Impr. à Paris, par Denys Jannot pour Gilles Corrozet*, 1535, pet. in-8, mar. viol. dos orné, fil. tr. dor. (*Thompson.*)

Bel exemplaire, grand de marges, avec témoins, d'un petit livre rare; il provient de la bibliothèque de M. J. Renard.

108. La Grant Monarchie de France, composée par messire Claude de Seyssel... archevesque de Turin. (A la fin :) *Imprimée à Paris, pour Regnault Chaudière*, 1519, gr. in-8 goth fig. sur bois, v. f. fil. (*Kœhler.*)

Édition originale, rare.
Exemplaire de L. Tripier et de J. Renard.

109. Les Anciennes et modernes Genealogies des roys de France et mesmement du roy Pharamond, avec leurs epitaphes et effigies en vers (par J. Bouchet). *Imprimez nouvellement a Paris lan mil cinq cens xxxvij* (1537), pet. in-8 goth. portr. et grav. sur bois, mar. br. comp. à fr. fleurons et milieux dorés, tr. dor. (*Thibaron-Joly.*)

Bel exemplaire de J. Renard.

110. Effigies regum Francorum omnium a Pharamundo ad Henricum usque tertium, ad vivum, quantum fieri potuit, expressæ, cælatoribus Vir-

gilio Solis Noriber : & Iusto Amman Tigurino. Accessit Epitome Chronicon, eorum vitas et gesta breviter complectens. *Noribergæ*, 1576. (A la fin :) *Noribergæ, in officina typographica Katharinæ Theodori Gerlachij relictæ Viduæ et Hæredum Iohannis Montani*, in-4, front. et 262 portr. mar. citr. comp. à fr. tr. dor. (*Hardy*.)

Ces portraits sont des copies de ceux attribués à Claude Corneille, qui avaient paru à Lyon, en 1546, dans un livre intitulé *Epitome des roys de France* : mais ils sont d'une exécution supérieure, et on les a encadrés dans des bordures historiées.

Vingt de ces portraits, qui sont à l'eau-forte et au burin, sont signés de Virgile Solis, et ce sont les plus jolis. Les autres sont de Jost Amman.

Exemplaire de Firmin-Didot.

111. Abrégé de l'Histoire françoise, avec les effigies des roys, depuis Pharamond jusques au roy Henry IIIJ à présent régnant, tirées des plus rares et excellents cabinets de la France par H. C. *Paris, Jean Le Clerc*, 1600, in-8, fig. vél. (*Rel. moderne.*)

Ouvrage rare contenant 65 portraits des rois de France gravés sur bois (sauf celui de Henri IV qui est en taille-douce), et orné à chaque page de beaux encadrements.

Jean Le Clerc de Paris, éditeur de cet ouvrage, en a gravé lui-même les planches.

112. NOUVEL ABRÉGÉ CHRONOLOGIQUE de l'histoire de France (par le Président Hénault). *Paris, de l'imprimerie de Prault*, 1768, 1 tome en 2 vol. gr. in-4, mar. rouge, dos orné, large dent. tr. dor. (*Derome.*)

Superbe exemplaire recouvert d'une riche reliure, d'une grande fraîcheur.

Cet ouvrage est orné de vignettes et de culs-de-lampe par Cochin et Moreau, et d'un délicieux portrait de la reine Marie-Thérèse, par Nattier, gravé par Gaucher.

C'est par erreur que M. Mehl indique pour cette édition des estampes par Cochin ; ces estampes ont pu être ajoutées à quelques exemplaires, mais elles ne font pas partie de l'édition.

113. Fleur de la maison de Charlemagne, qui est la continuation des antiquitez françoises : contenant les faits de Pépin et ses successeurs, depuis l'an 751 jusques en l'an 840 de Jésus-Christ. Recueillie par M. le Président Fauchet. *A Paris, chez Jeremie Perier*, 1601, pet. in-8, mar. La Vall. fil. à froid, chiffre sur les plats, dent. int. tr. dor. (*Pouget.*)

114. Histoire de la maison de Bourbon, par M. Desormeaux, historiographe de la maison de Bourbon. *A Paris, de l'Imprimerie Royale*, 1772-1788, 5 vol. in-4, frontispice, fleurons sur les titres, portraits, vignettes et culs-de-lampe, demi-rel. bas.

Ouvrage recherché pour ses illustrations.
La reliure n'est pas uniforme.

115. L'Histoire et discours au vray du siège qui fut mis devant la ville d'Orléans par les Anglois, le mardy XII jour d'octobre M.CCCC.XXVIII, regnant alors Charles VII, roy de France, prise de mot à mot d'un vieil exemplaire escrit à la main (par L. Trippault). *Orléans, Olivier Boynard et J. Nyon*, 1611, in-12, portr. mar. r. tr. dor.

Livre rare et recherché.
Exemplaire de J. RENARD.

116. Heroinæ nobilissimæ Ioannæ Darc Lotharingæ vulgo Avrelianensis pvellæ Historia... Eiusdem Mauortiæ Virginis Innocentia a calumniis vindicata. Authore Ioanne Hordal.... *Ponti-Mussi, apud Melchiorem Bernardum*, 1612, pet. in 4, portr. mar. bleu, fil. à fr. dent. int. tr. dor. (*Duru.*)

Un des plus rares ouvrages sur Jeanne d'Arc, et aussi une intéressante production de la typographie de Pont-à-Mousson.

est orné d'un beau titre représentant l'ancien monument qui avait été élevé sur le pont d'Orléans à l'héroïne lorraine, et de deux jolis portraits de Jeanne d'Arc, le tout finement gravé par L. Gaultier. L'auteur J. Hordal est un descendant de Jeanne d'Arc.

Bel exemplaire de la bibliothèque FIRMIN-DIDOT.

117. — Le même ouvrage, même édition. In-4, mar. r. dos orné, fil. et comp. à la Du Seuil, dent. int. tr. dor. (*Capé.*)

Très bel exemplaire, grand de marges, de J. RENARD, avec un portrait de Charles VII par Marcenay, ajouté.

118. Histoire singulière du roy Loys XII de ce nom, père du peuple, faicte au parangon des règnes et gestes des autres roys de France... composée par Claude de Seyssel. *Paris*, *Vincent Sertenas*, 1558, pet. in-8, mar. citr. fleurs de lis sur le dos et aux angles des plats, dent. int. tr. dor. (*Duru et Chambolle.*)

Joli exemplaire de DESQ ET DE J. RENARD.

119. Discours sur les causes de l'exécution faicte és personnes de ceux qui avoient conjuré contre le Roy et son Estat. *Paris, à l'olivier de P. l'Huillier*, 1572, pet. in-8 de 20 ff. mar. r. jans. dent. int. tr. dor. (*Hardy.*)

Apologie de la Saint-Barthélemy, très rare.
Bel exemplaire.

120. Mémoires de la Ligue..... (par Simon Goulart, sous le nom de Samuel Du Lys). Nouvelle édition revue et augmentée de notes historiques et critiques (par l'abbé C. P. Goujet). *A Amsterdam*, (*Paris*), 1758, 6 vol. in-4, mar. bleu, dos orné, fil. tr. dor. (*Rel. anc.*)

121. De Justa Henrici tertii abdicatione e Franco-

rum regno libri quatuor (auctore Joan. Boucher). *Parisiis, apud Nic. Nivellium,* 1589, in-8, mar. olive, fil. tr. dor. (*Bauzonnet.*)

Deuxième édition de ce célèbre pamphlet, plus complète que la première. Exemplaire de J. Renard, avec une note de l'abbé Sépher écrite sur le feuillet de garde.

122\. Histoire du roy Henry le Grand, composée par messire Hardouin de Perefixe, evesque de Rodez... *A Amsterdam, chez Louys et Daniel Elzevier,* 1661, in-12, frontispice gravé, mar. bleu jans. dent. int. tr. dor. (*Marius-Michel.*)

Bel exemplaire de cette édition recherchée.
Hauteur : 131 millimètres.

123\. Bref Discours et véritable des choses plus notables arrivées au siége mémorable de la renommée ville de Paris, et défence d'icelle par Monseigneur le Duc de Nemours, contre le Roy de Navarre, par Pierre Corneio. *S. l.* (*Paris*), *Didier Millot,* 1589, pet. in-8, mar. bleu jans. dent. int. tr. dor. (*Thibaron.*)

Bel exemplaire de l'édition originale, extrêmement rare, de cette pièce remarquable; elle est restée inconnue à Brunet, qui ne cite que l'édition de 1590.

124\. Satyre Menippée de la vertu du Catholicon d'Espagne, et de la tenue des Estatz de Paris (par P. Le Roy, Gillot, Passerat, Rapin, Florent-Chrétien et P. Pithou). *A Paris,* 1594, in-8, vél.

Édition rare comprenant 255 pp. et 45 pp. pour la *Suitte du Catholicon d'Espagne. Avec l'explication du mot de Higuiero d'Infierno, et autres y contenues.*

125\. Les Larmes et lamentations de la France sur le trépas de Henry IIII, roy de France et de Navarre. *Paris, B. Hameau, s. d.* — Arrêts de la cour de

Parlement contre le très méchant parricide François Ravaillac. *Paris*, *Ant. Vitray*, 1610, in-8, mar. noir, fil. tr. dor. (*Duru.*)

Pièces rares, la dernière surtout.
Exemplaire de J. Renard.

126. Mémoires de Maximilien de Béthune, duc de Sully..., mis en ordre, avec des remarques, par M. L. D. L. D. L. (l'abbé P.-M. de l'Écluse Des Loges). *Londres* (*Paris*), 1745, 3 vol. in-4, portrait, v. ant. marbr.

Édition recherchée.
Exemplaire contenant les portraits de Henri IV et de Sully, par Odieuvre.

127. Journal de Monsieur le cardinal duc de Richelieu, qu'il a fait durant le Grand Orage de la Cour ès années 1630 et 1631. Tiré des Mémoires écrits de sa main. *S. l.*, 1649, pet. in-8, mar. r. fil. tr. dor. (*Derome.*)

Bel exemplaire.

128. Mémoires de M. D. L. R. (La Rochefoucauld), sur les brigues à la mort de Louys XIII, les guerres de Paris et de Guyenne, etc. *A Cologne*, *chez Pierre Van Dyck* (*à la Sphère*), 1669, in-12, mar. r. dos orné, fil. tr. dor. (*Rel. anc.*)

Jolie édition, imprimée par Foppens à Bruxelles, que l'on annexe à la collection elzévirienne.
Hauteur : 126 millimètres.

129. Médailles sur les principaux événements du règne de Louis le Grand, avec des explications historiques (par Charpentier, Tallemant, Racine, Boileau, etc.). *Paris*, *Impr. royale*, 1702, gr. in-fol.

planches grav. v. ant. marbr. armoiries royales sur les plats, tr. dor.

Ce volume contient un beau frontispice par Coypel et 289 planches gravées. Premier tirage. Reliure fatiguée.

130. Relations diverses contenant la journée de Nimègue... (par Devize). *A Paris, au Palais, chez Mich. Brunet*, 1702, in-12, mar. r. dos et angles des plats fleurdelisés, fil. tr. dor. (*Rel. anc.*)

Aux armes de L.-Aug. de BOURBON DUC DU MAINE, grand maître de l'artillerie de France.

131. Sacre et couronnement de Louis XVI, roi de France et de Navarre, à Rheims, le 11 juin 1775 (par l'abbé Pichon), précédés de recherches sur le sacre des rois de France (par Gobet), enrichis d'un très grand nombre de figures en taille-douce, gravées par le sieur Patas avec leurs explications. *A Paris, chez Vente et chez Patas*, 1775, in-4, titre gravé, plan de la ville de Rheims, figures et vignettes, mar. citr. dos orné, fleurdelisé, tr. dor. (*Aux armes de France.*)

Exemplaire fatigué.

III — HISTOIRE ÉTRANGÈRE

132. Solemnité faicte à Venise, pour rendre grâce à Dieu de la paix, establie entre le très chrestien roy de France et le roy catholique d'Espagne, avec grand nombre de riches et industrieux théâtres, et l'interprétation de tout ce qu'y estoit représenté par les sept confrairies de ladicte ville. Jouxte la copie italienne traduicte en français. *Paris, Denis Binet,*

1598, pet. in-8 de 24 pp. mar. r. dos et angles des plats fleurdelisés, fleuron, dent. int. tr. dor. (*Masson-Debonnelle.*)

Pièce curieuse et fort rare.
Le dernier feuillet contient au recto les armoiries du pape Clément VIII et au verso celles du roi Henri IV.

133. Discovrs || des trovbles || nouuellement aduenuz au || Royaume d'Angle-||terre, au moys || d'Octobre || 1569. || Avec vne declara||tion, faicte par le comte de Nortum||berland et autres grands sei-||gneurs d'Angleterre. *A Paris, chez Nicolas Chesneau*, 1570, in-8, v. f. fil. (*Petit.*)

Pièce rare, en grande partie relative à Marie Stuart. On y trouve des détails sur la réception qui lui fut faite en Angleterre lorsqu'elle s'y réfugia après la bataille de Langsyde, en 1568.
Exemplaire de la bibliothèque Firmin-Didot.

134. Maria Stuarta, regina Scotiæ, dotaria Franciæ, hæres Angliæ et Hiberniæ, martyr Ecclesiæ, innocens a cæde Darleana; vindice Oberto Barnestapolito. *Ingolstadii, ex officina Wolfgangi Ederi*, 1588, pet. in-8 réglé, mar. bl. fil. à fr. tr. dor. (*Duru.*)

Édition originale.
Bel exemplaire du baron J. Pichon et de J. Renard.

135. Histoire de Bavière qui traitent de l'origine des peuples, qui les premiers habitèrent la Bavière, etc., par le sieur Blanc. *A Paris, chez la veuve Mille de Beaujeu*, 1680, 4 vol. in-12, frontispices gravés, mar. r. dos orné, comp. à la Du Seuil, tr. dor. (*Rel. anc.*)

Aux armes d'une princesse de Bourbon Condé.

136. Description géographique, historique, chrono-

logique, politique et physique de l'empire de la Chine et de la Tartarie chinoise; enrichie de cartes générales et particulières de ces pays, d'un grand nombre de figures et de vignettes gravées..., par J.-B. Du Halde, de la Compagnie de Jésus. *A Paris, chez P.-G. Le Mercier*, 1735, 4 vol. in fol. texte à 2 col. cartes et figures, v. ant. marbr.

Bel exemplaire de l'édition la plus recherchée de cet ouvrage.

IV. — DIVERS

137. Pierres antiques gravées, sur lesquelles les graveurs ont mis leurs noms, dessinées et gravées en cuivre sur les originaux ou d'après les empreintes par Bernard Picart. Tirées des principaux cabinets de l'Europe, expliquées par M. Philippe de Stosch et traduites en français, par M. de Limiers. *A Amsterdam, chez Bernard-Picart le Romain*, 1724, in-fol. 76 planches gravées, v. ant. gran. fil.

Bel exemplaire en GRAND PAPIER.

138. La Vie du Tasse (par l'abbé de Charnes). *A Paris, chez Estienne Michallet*, 1690, in-12, v. f. ant.

Joli exemplaire aux armes du COMTE D'HOYM.

139. Manuel typographique, utile aux gens de lettres, par Fournier le jeune. *A Paris, imprimé par l'auteur et se vend chez Barbou*, 1764, 2 vol. in-12,

front. par Gravelot, mar. vert, dos orné, fil. dent. int. doublé de tabis, tr. dor. (*Bradel.*)

Bel exemplaire en papier fin, auquel on a ajouté un portrait de l'auteur gravé par Gaucher.

TABLE DES DIVISIONS

Paris. — Typ. G. Chamerot, 19, rue des Saints-Pères. — 14115.

www.ingramcontent.com/pod-product-compliance
Ingram Content Group UK Ltd.
Pitfield, Milton Keynes, MK11 3LW, UK
UKHW021948260726
13994UKWH00004B/1610

9 782329 515601